새 생명의 삶

(New life)

새 생명의 삶

지은이 | 림형천
초판발행 | 2008. 10. 31
30쇄 발행 | 2025. 4. 12
등록번호 | 제 3-203호
등록된 곳 | 서울시 용산구 서빙고동 95번지
발행처 | 사단법인 두란노서원
영업부 | 2078-3333 FAX 080-749-3705
출판부 | 2078-3477

▎책값은 뒤표지에 있습니다.
ISBN 978-89-531-1086-1 03230

▎독자의 의견을 기다립니다.
tpress@duranno.com   http://www.Duranno.com

두란노서원은 바울 사도가 3차 전도 여행 때 에베소에서 성령 받은 제자들을 따로 세워 하나님의 말씀으로 양육하던 장소입니다. 사도행전19장 8-20절의 정신에 따라 첫째 목회자를 돕는 사역과 평신도를 훈련시키는 사역, 둘째 세계선교(TIM)와 문서선교(단행본 · 잡지)사역, 셋째 예수문화 및 경배와 찬양 사역, 그리고 가정 · 상담 사역 등을 감당하고 있습니다. 1980년 12월 22일에 창립된 두란노서원은 주님 오실 때까지 이 사역들을 계속할 것입니다.

새 생명의 삶

(New life)

림형천 지음

두란노

차 례

서문
: 바른 교재 사용을 위한 필독 사항 – 7가지 목적과 지침

1. 교회를 다니는 이유 / 18
   : Reason for attending church

2. 나는 누구인가? / 28
   : Myself as a sinner

3. 하나님은 누구신가? / 38
   : Who is God?

4. 예수님은 누구신가? / 50
   : Who is Jesus?

5. 구원이란?(1) / 66
: What is salvation?(Part 1)

6. 구원이란?(2) – 새로운 피조물 / 78
: What is salvation?(Part 2) – The new creation

7. 구원의 확신 / 90
: Assurance of salvation

8. 세례의 의미 / 102
: Meaning of baptism

서문
New life

바른 교재 사용을 위한 필독 사항
– 7가지 목적과 지침

: Seven purposes & guide you must read for correct and successful application of the text

　다양한 성경공부 교재는 어디에서나 손쉽게 구할 수 있을 만큼 많이 있다. 그 중에서 내게 맞는 교재를 찾으려면 그 성경공부 교재가 어떤 상황에서 왜 만들어졌으며 어떻게 사용되어야 하는지를 잘 알아야 한다. 본 성경공부 교재는 미국 서부에 위치한 나성영락교회의 목회 현장에서 '개인과 교회의 바람직한 변화와 성장' Change and growth to the individuals and churches 을 목적으로 하여 만들어졌고 현재 사용되고 있는 것이다. 본 교재는 변화를 요구하는 시대적 요청에 부응할 뿐 아니라 그 변화를 가장 어렵게 만드는 요소가 교회 자체에 있음을 발견하여 그 해결책을 찾고자 했다는 점에서 중요한 의미를 갖는다. 현재 나성영락교회는 몇 가지 대단히 중요한 변화를 추구하고 있는 중이며, 이를 효과적으로 돕는 데 이 교재가 사용되고 있다.

교회는 그 교회가 속한 시대나 교회 자체의 성장에 따라 변화해야 한다. 하지만 그 변화가 쉽지 않다는 것이 교회의 공통된 경험이다. 현재 나성영락교회가 추구하는 변화란 현대의 거의 모든 교회들이 동일하게 추구해야 할 요소들로서 다음과 같이 정리할 수 있다.

- 전통교회에서 새로운 세대에 효과적으로 적응하는 교회로의 변화 Effective ways for a church to transition from the traditional church to a church of a new generation
- 교인들만 품는 교회가 아니라 복음의 능력으로 세상을 품는 교회로의 변화 Becoming a church that not only embraces the believers, but embracing the world through the power of the gospel
- 대형교회 또는 성장하는 교회이면서 초대교회와 같은 소그룹의 영적인 역동성을 가진 교회로의 변화 Movement towards achieving the spiritual power through the small group of a large or growing church that maintains the essence of the early church
- 프로그램 중심에서 사람 중심 교회로의 변화 Changing from a program-centered to people-centered church

이를 위해서는 다음과 같은 일곱 가지 지침이 요구된다.

1. 변화를 위한 변화는 무의미하며 말씀이 변화를 주도해야 한다 Word of God must be the bases for change or change will be meaningless

마르틴 루터 Martin Luther의 종교개혁도 철저히 말씀 중심의 운동이었다. 그는 시편과 로마서 등 하나님의 말씀을 통하여 비로소 자신을 발견하였을 뿐 아니라 교회를 바르게 인식하였다. 그는 당시 일반인들에게 주어지지 않았던 성경을 번역하였는데, 종교개혁이 성공할 수 있었던 중요한 요인이 바로 성경의 보급에 있었다. 이처럼 모든 개혁자들의 가장 중요한 표어가 '오직 성경' Sola scriptura 인 점은 오늘날 우리 그리스도인들에게 값진 깨달음을 준다.

요즘 교회의 여러 한계를 경험하면서 대안이나 새것을 찾아 헤매는 교회와 지도자들이 많이 늘고 있는 추세이다. 하지만 단지 변화를 위한 변화 추구라면 그것은 또 하나의 문제를 만드는 헛수고일 것이다.

하나님의 말씀이 오늘의 교회를 이끄시도록 해야 한다. 오직 말씀만이 변화를 가능케 하는 원동력이요, 변화의 바른 방향을 잡아 주는 중심축이기 때문이다. 무조건 달라지는 것만이 능사는 아니다. 말씀을 통해 교회를 향한 하나님의 뜻을 바로 알고 성령께서 원하시는 변화를 이룰 때, 비로소 진정한 변화를 가로막는 모든 속박 가운데서 자유할 수 있다.

2. 교인들의 양육과 교육을 위한 필수 과목이 필요하다 Believers need required courses for growth and education

필수 과목이 필요하다는 것은 교인들도 쉽게 알 수 있는 객관적인 커리큘럼이 필요하다는 뜻이다. 적절한 커리큘럼 없이 이런저런 성경공부를 계속하는 것만이 성장은 아니기 때문이다. 한국 교회는 대략 30년 이상 프로그램 또는 프로젝트에 의지해 왔다. 성경공부든 신앙 훈련 프로그램이든 하나가 끝나면 또 다른 것을 해야만 했다. 그것이 새로움이요 앞서는 일이라고 생각했기 때문이다.

목회자 입장에서 이 교재가 끝나면 다음에는 무엇을 해야 하는지 늘 고민이 되었다. 교인들도 한 교재가 끝나고 그 다음 프로그램이 제공되지 않으면 왠지 모르게 불안해한다. 따라서 교회에서 제공하는 양육 체계에서 현재 내가 어느 수준에 도달해 있는지 분명한 그림을 제공해 주는 것은 교인들에게 적절한 도움이 된다.

필수 과목이 필요하다는 것은 교인들의 기본 교육에 충실해야 한다는 뜻이다. 필수 과목이라는 커리큘럼이 없을 경우, 꼭 필요한 성경공부나 양육에 모든 교인들이 참여하기란 불가능하다. 원하는 사람 또는 가능한 사람들만 참여할 뿐이다. 기독교의 기본 진리와 교인들로서 가져야 하는 영적 훈련에서 소외된 이들이 상대적으로 더 많아지게 되는 것이다. 이러한 점은 장기적으로 볼 때 대단히 큰 영적 손실이다. 교회에 맡겨진 영혼들에게 꼭 필요한 교육을 되도록 철저히 하는 것이 교회의 책임이기 때문이다.

또한 필수 과목이 필요하다는 것은 준비된 교인들에게 적절한 책임이 부여된다는 것을 의미한다. 필수 과정을 통해 복음에 대한 바른 이해를 가진 교인들에게는 이에 적절한 책임과 사명을 맡기는 것이 필요하다. 초대교회 때는 복음을 듣고 믿음을 고백하고 세례를 받은 사람들은 곧바로 복음 전하는 자들로 살아갔다. 특별한 훈련을 따로 받지 않았어도 복음을 위하여 귀한 도구로 사용된 셈이다.

하지만 현대 교회는 끊임없는 훈련과 교육을 받아도 따지고 보면 특별히 맡겨지는 것이 없다. 마치 직책을 받지 않으면 일할 수 없고 직책이 없으면 지도자가 될 수 없다는 전제를 가지고 있는 듯하다. 각자 개인을 사용하는 복음의 능력이 제도와 직책에 묶여 있을 수 있다는 것이다. 필수 과목을 마친 교인들에게 복음을 전하고 영혼을 돌보게 하며 다른 영혼을 양육하는 일들을 맡기고 격려해야 한다.

참고로 나성영락교회의 교인 양육 커리큘럼은 다음과 같다.

■ 필수 과목

5단계 양육 과정으로 모든 교인들이 반드시 참여하고 훈련받아야 하는 과정이다.

- 1단계 – 새 생명의 삶 (성경공부)
- 2단계 – BC/AD 수련회 (주말 1박2일 수련회)
- 3단계 – 성화의 삶 (성경공부)
- 4단계 – LT수련회 (주말 1박2일 수련회)
- 5단계 – 지도자의 삶 (성경공부)

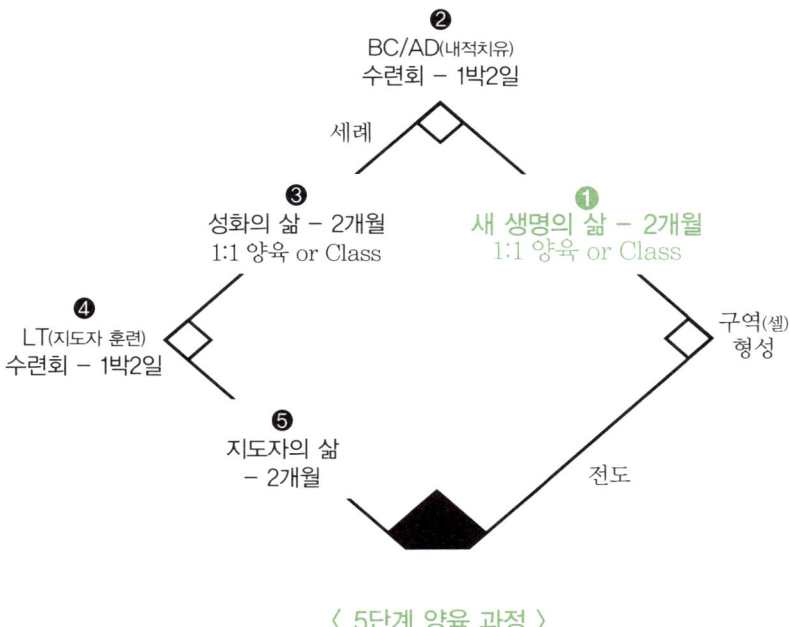

〈 5단계 양육 과정 〉

■ 선택 과목

교인들이 각자의 필요에 따라 자유롭게 참여할 수 있는 훈련과 봉사 과정으로 5단계 양육 과정 이외의 모든 성경공부와 프로그램이 평생 교육 과정으로 제공되며 각자 주도적으로 선택하여 참여한다. 예를 들어 1년을 4분기로 하여 매 분기별로 성경 권별 또는 주제별 성경공부 3-5과목이 제공되고 있다.

3. 평신도들에게 다른 사람들을 가르치도록 기회를 준다 Give all believers opportunity to teach others

이 교재는 필수 과정을 마친 사람들이 다른 사람들을 가르치고 지도하도록 계획되어 있다. 목사나 장로, 안수집사, 권사 등 소위 인정된 직분자들만 가르치는 자리에 서는 것이 아니라, 복음에 대한 바른 이해와 필요한 과정을 마친 사람에게는 누구나 다른 영혼들에게 복음을 전하고 나누는 책임이 부여되는 것이다.

최근 윌로우크릭 교회 Willow Creek Church 의 빌 하이벨즈 Bill Hybels 목사는 〈리빌〉Reveal 이라는 보고서를 통하여 지금까지 윌로우크릭 교회의 목회적 전제 일부가 잘못되었음을 고백했다. 그중 한 가지는 교회가 제공하는 프로그램에 참여하면 교인들이 영적으로 성장하게 된다는 것이다. 물론 어린 시절에는 부모의 역할이 무엇보다 중요하다. 하지만 어느 정도 성장하면 그때부터 부모는 코치의 역할로 전환해야 한다. 교회도 마찬가지다. 복음을 바르게 이해하고 기본적인 교육을 받은 사람들은 다른 영혼들을 위하여 일할 기회를 주며 교회는 그들을 코치해 주어야 한다는 의미이다. 그래야 교인들이 더 바르고 건강하게 성장한다는 것이다. 전적으로 옳은 판단이라고 생각된다. 다만 가르치는 이들에 대하여 교회가 코치 역할을 하는 것은 중요하다. 이 교재는 가르치는 모든 이들이 해당 교구 또는 목양, 셀 등을 지도하는 목사에게 지도와 도움을 받는 것을 제안한다.

4. 가르침 자체가 복음뿐 아니라 자신의 삶을 나누는 섬김이다 Teaching is not only about knowledge, but it is part of sharing one's life with others

가르침을 하나의 지식 전달로 볼 때 가르치는 자는 상대적으로 우월감을 가질 수 있다. 심지어 훈련자를 자신의 제자라는 식의 잘못된 생각을 가지게 된다. 이것은 교회를 또 하나의 보이지 않는 계급 집단으로 만들고, 교인들에게 잘못된 영적 교만을 불러일으킬 수 있다. 평신도들에게 말씀을 가르칠 기회를 준다는 것은 말씀을 통하여 내가 받은 은혜, 내가 깨달은 복음, 그리고 내가 만난 주님을 나누게 한다는 뜻이다. 가르침 자체는 말씀에 대한 섬김이며 다른 영혼에 대한 섬김이다. 이런 자세는 잘못된 영적 교만에서 모두를 보호할 수 있다. 다른 영혼에게 복음을 전함으로써 자신이 성장하고,

그 섬김을 받는 다른 영혼도 함께 자라가게 하는 것이 이 교재의 목표이다.

5. 지식 전달의 강의식보다는 삶을 나눌 수 있는 소그룹이 효과적이다 Rather than pedagogical teaching, small group method is more helpful for people to share their lives with others

이 교재는 두 가지 형태로 제공되는 것이 좋다. 한 가지는 주일날 교회에서 강의식으로, 다른 한 가지는 각 구역, 교구, 셀 등을 통하여 개개인 또는 소그룹으로 제공되는 것이다.

강의식 공부를 제공하는 것은 직장, 건강, 성격 등 개인 사정으로 따로 만날 시간을 내지 못하는 이들을 위한 배려일 뿐 그것이 가장 바람직한 방법은 아니다. 될 수 있으면 소그룹 형태가 바람직하다. 만약 부부들이 함께 모여 공부한다면 세 쌍 이내로 모이는 것이 좋다. 이미 언급한 대로 말씀을 가르치는 일이 지식 전달이 아니라 내가 받은 은혜와 깨달은 말씀, 그리고 나의 삶을 나누는 일이기 때문이다. 이 과정을 통할 때 피차 영적으로 성장하며 초대교회와 같은 영적 유대감과 생동감을 체험하게 된다.

6. 교재를 충실히 따라가도록 한다 Be faithful in keeping up with the material

다음 세 가지 이유로 교재에 충실할 것을 제안한다. 첫째, 가르치는 자에 따라 공부 내용에 차이가 나지 않게 한다. 둘째, 이 과정은 모든 교우들의 영적 생활을 돕는 필수 과정이므로 충실히 그 내용을 다루어야 한다. 셋째, 먼저 배운 사람이 다른 사람을 가르쳐야 하므로 교재를 성실하게 다루는 것이 바람직하다. 이러한 이유로 이 교재는 내용을 비교적 구체적이고 자세하게 다루었다.

7. 재생산이 중요하다 Reproduction is important

이 교재는 말씀을 배운 이들이 똑같이 다른 사람들에게 나누고 가르치는 것을 목적으로 삼고 있다. 그렇다면 배운 이들이 잘 가르치고 전할 수 있도록 만드는 것이 성공적인 교육이다. 가르치는 이가 자신만의 독특한 교육 방법과 내용을 전달하여 배운 이들이 따라 할 수 없게 된다면 그것은 바람직하지 않다. 이 교재를 통하여 하나님의 말씀과 삶을 함께 나눈 경험 그대로 다른 사람들과도 나눌 수 있어야 한다. 이 교재의 성공 여부는 훈련생이 훈련받은 그대로 또 다른 훈련생을 가르치는 데서 나타나게 된다.

이 교재를 바르게 사용하기 위한 일곱 가지 지침을 다시 정리해 보자.

[교재를 바르게 사용하는 7가지 지침]

1. 변화를 위한 변화는 무의미하며 말씀이 변화를 주도해야 한다.
2. 교인들의 양육과 교육을 위한 필수 과목이 필요하다.
3. 평신도들에게 다른 사람들을 가르치도록 기회를 주어야 한다.
4. 가르침 그 자체가 복음뿐 아니라 자신의 삶을 나누는 섬김이다.
5. 지식 전달의 강의식 보다는 삶을 나눌 수 있는 소그룹이 효과적이다.
6. 교재를 충실히 따라가도록 한다.
7. 재생산이 중요하다.

이 교재는 말씀을 배운 이들이 똑같이 다른 사람들에게 나누고 가르치는 것을 목적으로 삼고 있다. 이 교재를 통하여 하나님의 말씀과 삶을 함께 나눈 경험 그대로 다른 사람들과도 나눌 수 있어야 한다. 이 교재의 성공 여부는 훈련생이 훈련받은 그대로 또 다른 훈련생을 가르치는 데서 나타나게 된다.

새 생명의 삶

New life

1. 교회를 다니는 이유

: Reason for attending church

기독교는 구원의 종교이다. 다른 선한 부분들이 많이 있지만 무엇보다도 구원의 종교라는 점이 가장 중요하다. 기독교가 다른 종교들과 구별되는 특성은 이 구원의 약속에서 나타난다.

교회를 다니게 된 이유나 과정을 각자 말해 보자. 어떠한 이유가 되었든, 한 사람 한 사람의 신앙생활 경험과 인생 과정은 우리 모두에게 소중한 것이다.

교회를 다니는 일반적 이유들

Several reasons for attending church

교회를 다닌다는 것은 예수님을 믿는다는 것과 비슷한 표현이다.

교회를 다니게 되는 데는 많은 이유들이 있다. 그 가운데 몇 가지 일반적인 이유들은 기독교의 다음과 같은 요소들 때문이다.

1. 기독교는 윤리적 종교이다

기독교가 인류 역사에서 이룬 윤리적인 일들은 이루 헤아릴 수가 없다. 세계의 연대는 예수 그리스도를 중심으로 구분되어 있는데 여기에는 매우 중요한 상징과 의미가 있다. B.C.-Before Christ, 그리스도 이전 / A.D.-Anno Domini, 그리스도 이후 오늘의 역사 속에서 존재하는 많은 윤리적 업적들은 기독교 없이는 생각할 수 없는 것들이다.

제임스 케네디 James Kennedy 는 『예수님이 만약 태어나지 않았다면?』 What if Jesus had never been born? 과 『성경이 만약 쓰여지지 않았다면?』 What if the Bible had never been written? 이라는 책을 통해 삶의 모든 분야에서 기독교가 이루어 놓은 것들에 대해 잘 정리해 주고 있다.

인간의 권리 추구와 존엄성, 자선, 교육, 과학, 예술, 정치, 경제생활, 개인 윤리와 사회 윤리 등 모든 삶의 영역에서 기독교의 영향력은 절대적이다. 미국은 신앙의 자유를 찾아 신대륙을 찾은 청교도들이 세웠으며, 미국의 독립선언서에 서명한 55명 가운데 50명은 기독교인이었고, 미국의 가장 유명한 학교인 하버드, 예일, 프린스턴 등도 기독교 정신으로 미래의 지도자들을 양성하기 위하여 세운 학교들이다. 그 예로 하버드 대학의 설립 목적은 다음과 같이 기록되어 있다.

> "모든 학생들에게 자신의 삶과 공부의 궁극적 목적은 하나님을 알고 영생이신 예수 그리스도를 알게 하는 것 요한복음 17:3임을 가르친다." Let every student be plainly instructed, and earnestly pressed to consider well, the main end of his life and studies is, to know God and Jesus Christ which is eternal life(John 17:3)

한국의 역사를 돌아보아도 개인과 사회에 미친 기독교의 공헌은 지대한 것이었다. 국가가 암울하고 어려운 시기에는 독립운동으로, 비윤리적인 삶의 방법들이 지배할 때에는 절제와 경건의 운동으로, 공산주의가 나라를 위협할 때는 무신론과의 싸움으로, 그리고 사회 제반 시설들이 제대로 갖추어지지 않았을 때는 교육기관과 자선기관, 의료기관들의 건립으로 역사에 공헌했다. 비록 기독교인들은 부족함이 있을지라도 기독교의 내용과 그 열매는 매우 성숙하고 윤리적인 것임이 분명하다.

2. 기독교는 절대적인 진리를 추구하는 종교이다

이 세상의 많은 문제들은 상대적인 가치들을 마치 절대적인 것인 양 여기며 살아가기에 생기는 것이라고 할 수 있다. 우리들 주변에서 일어나고 있는 동성연애 및 동성결혼의 문제, 문란한 성생활에 의한

가정의 파괴, 낙태와 인간복제 등을 포함한 수많은 비윤리적인 문제는 상대적 가치관을 마치 절대적인 것처럼 따르는 데서 생긴 것으로 볼 수 있다.

상대적 가치 추구의 위험성을 보여 주는 다음 글을 읽어 보자.

> 제2차 세계대전 이후 열린 뉘른베르크 전범재판 Nurnberg War Trial 에 나치 지도자들이 끌려 나왔다. 그들의 주장은 다음과 같았다. "독일의 대법원은 유대인에 대해 사람이 아니라고 이미 판결했다. 따라서 우리들은 아무런 잘못이 없다. 우리들의 문화, 우리들의 가치관, 우리들의 법을 따라 행동했을 뿐이다."

📝 상대적 가치 추구의 환경에서 자라나는 아이들에게 절대적 가치관이 필요한 이유는 무엇이라고 생각하는가?

_____

_____

📝 절대적 가치 추구에 대하여 성경은 무엇이라고 말하는가? 베드
로전서 1:24-25, 요한일서 2:17

_____

_____

3. 기독교는 축복의 종교이다

기독교는 축복의 종교이며 우리가 믿는 하나님은 축복의 하나님이심을 조금도 의심할 수 없다. 기독교 신앙이 주는 축복이란 마음의 평안과 복된 가정의 건설, 그리고 물질의 축복과 건강의 축복 등을 모두 포함한다. 다음 말씀을 통하여 하나님께서 우리에게 약속하신 것들이 무엇인지 찾아보자.

- 창세기 12:1-3

- 요한복음 10: 9-10

- 히브리서 11:6

위에서 살펴본 대로 기독교는 윤리의 종교이며, 절대적 진리를 추구하는 종교이며, 참된 축복을 누리는 종교이다. 하지만 이것이 전부는 아니다.

교회를 다니는 가장 궁극적인 이유
The most important reason for attending church

기독교는 구원의 종교이다. 다른 선한 부분들이 많이 있지만 무엇보다도 구원의 종교라는 점이 가장 중요하다. 기독교가 다른 종교들과 구별되는 특성은 이 구원의 약속에서 나타난다. 서두에서 "교회를 다닌다는 것은 예수님을 믿는다는 것과 비슷한 표현"이라는 말을 했다. 만약 우리들이 구원을 얻지 못한다면 비록 교회에 다닌다고 해도 진정으로 예수님을 믿는다고는 말할 수 없다. 그만큼 구원은 중요한 문제이며 구원이야말로 가장 귀한 축복이다.

그렇다면 우리 인간에게 왜 그토록 구원이 중요하다고 하는 걸까? 바로 다음과 같은 이유에서이다.

- 인간에게는 누구나 영원을 사모하는 마음이 심겨져 있다. 전도서 3:11
- 인간에게는 누구나 자신의 죄악에 대한 죄책감과 갈등이 있다. 로마서 7:21-24
- 인간에게는 누구나 죽음의 문제에 대한 두려움이 있다. 히브리서 2:15
- 인간에게는 누구나 죽음을 넘어선 영생에 대한 바람이 있다. 마태복음 19:16

인간에게 이 모든 갈등과 바람은 너무나 당연한 것이다. 하나님께서는 이러한 인간의 근본 문제에 대하여 확실하고도 분명한 답을 제시해 주신다.

죄, 죽음, 영생 등의 문제는 모든 종교나 인종을 초월하여 인간이라면 누구에게나 주어지는 보편적인 과제요, 두려움의 원천이다. 1993년에 불교계의 큰 별이라는 성철 스님이 입적入寂했다. 그분은 무려 10년씩이나 장좌불와長座不臥, 즉 가부좌를 튼 채로 눕지 않고 잠을 자며 수행 정진한 끝에 득도하신 분이라고들 한다. 그런데 그런 분이 돌아가시면서 남긴 열반송涅槃頌을 보면 이렇게 기록되어 있다.

> "내 평생 수많은 선남선녀를 속여
> 그 죄업이 하늘에 가득 차 수미산을 넘는구나
> 산 채로 지옥에 떨어져 그 한이 만 갈래니
> 한 덩이 불덩이 푸른 산에 걸렸구나."

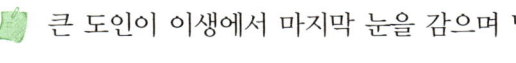 큰 도인이 이생에서 마지막 눈을 감으며 남긴 열반송을 보면서 죄악과 죽음의 권세에 대하여 무엇을 느끼는가?

_____
_____

📝 나 자신은 이러한 문제에 대하여 어떻게 느끼는가?

_____

_____

인간은 누구든지 자신의 죄 문제에 대하여 용서받기를 사모하며, 다가오는 죽음의 문제에 대하여 진정한 해답을 얻기 원한다. 다음은 헤밍웨이의 글에 나오는 이야기이다. 글 속에 나타난 인간의 심성을 이야기해 보자.

> 스페인의 한 아버지가 집을 나가서 마드리드로 간 아들을 찾으면서 그 아들과 화해하기를 원했다. 아버지는 마드리드의 신문에 이런 광고를 냈다.
> "파코Paco야, 화요일 정오에 몬타나 호텔에서 만나자. 너의 모든 잘못은 이미 다 용서했다. 아빠가."
> 파코라는 이름은 매우 평범하고 보편적인 이름이었다. 드디어 약속 시간에 나가 보니 파코라는 이름을 가진 800명의 젊은이들이 자기 아버지를 기다리고 있었다.

다음 성경 구절을 통하여 하나님께서 우리에게 약속하신 바가 무엇인지 찾아보고 그 말씀들을 깊이 묵상하자.

■ 요한복음 3:16

■ 요한복음 5:24-25

> **말씀 암송**
>
> 하나님이 세상을 이처럼 사랑하사 독생자를 주셨으니 이는 저를 믿는 자마다 멸망치 않고 영생을 얻게 하려 하심이니라 (요한복음 3:16).

> **Key Point**
>
> 1. 교회에 다닐 때 주어지는 축복과 혜택에는 여러 가지가 있다.
>
> 2. 그러나 가장 큰 축복은 인간이 가지고 있는 가장 보편적이며 궁극적인 문제, 즉 죄와 죽음의 권세로부터의 구원이다.

인간에게는 누구나 영원을 사모하는 마음이 심겨져 있다.
인간에게는 누구나 자신의 죄악에 대한 죄책감과 갈등이 있다.
인간에게는 누구나 죽음의 문제에 대한 두려움이 있다.
인간에게는 누구나 죽음을 넘어선 영생에 대한 바람이 있다.

새 생명의 삶
New life

2. 나는 누구인가?

: Myself as a sinner

인간에게는 누구나 죄악성이 있고 이로 말미암는 이중성이 있는 것이 당연하다. 이러한 이중성에 대하여 고민하는 것은 있는 그대로의 자기 자신을 보는 것으로서 오히려 성숙한 자세이다.

1과에서는 교회를 다니는 궁극적인 이유가 구원 문제 때문이라는 것을 공부했다. 구원 문제가 우리들에게 가장 중요한 문제라고 함은 곧 우리 존재가 죄 된 상태에 머물러 있음을 의미한다.

2과에서는 "나는 누구인가?" 하는 문제, 즉 특별히 죄인 된 나 자신에 대하여 생각하고자 한다.

📝 기독교인들은 자신을 가리켜 죄인이라고 한다. 교회에서 종종 "우리들은 죄인이다"라는 표현을 들을 때 어떤 느낌과 생각을 가지게 되는지 이야기해 보자.

_____

_____

📝 성경은 인간의 상태에 대하여 무엇이라고 말하고 있는가?

- 로마서 3:9-12

- 로마서 5:12

인간의 양면성에 대한 고뇌
Struggle between two sides of human nature

인간은 누구나 선을 향한 열망을 가짐과 동시에 자신의 죄인 됨과 한계에 대한 이중성을 가지고 있다. 매우 훌륭한 삶을 산 다음 두 사람의 고백을 읽어 보자.

1. 사도 바울의 고민

"그러므로 내가 한 법을 깨달았노니 곧 선을 행하기 원하는 나에게 악이 함께 있는 것이로다 내 속 사람으로는 하나님의 법을 즐거워하되 내 지체 속에서 한 다른 법이 내 마음의 법과 싸워 내 지체 속에 있는 죄의 법 아래로 나를 사로잡아 오는 것을 보는도다 오호라 나는 곤고한 사람이로다 이 사망의 몸에서 누가 나를 건져내랴." 로마서 7:21-24

2. 본회퍼의 고민

본회퍼 Bonhoeffer 는 히틀러가 세계대전을 일으키고 특별히 수많은 유대인들을 학살하는 모습을 보면서 목사로서 견딜 수가 없었다. 그는 21세에 탁월한 논문으로 박사학위를 받고 24세에 교수 자격논문을 통과한 당대의 가장 뛰어난 학자요 목사였다. 하지만 당시의 현실과 히틀러의 만행을 보면서 깊은 고뇌 속에 '미친 사람이 모는 차에 희생되는 많은 사람들을 돌보는 것만이 나의 과제가 아니다. 이 미친 사람의 운전을 중단시키는 것도 나의 과제다'라고 생각하고 34세에 히틀러 암살 음모에 가담한다. 결국 이 일이 드러나서 체포되고, 그는 히틀러가 자살하기 불과 3주 전인 1945년 4월 9일 교수형에 처해진다. 다음은 본회퍼가 감옥에서 쓴 『나는 누구인가?』라는 글이다.

나는 누구인가
사람들이 내게 말하길
내가 꽉 막힌 감방에서 걸어 나올 땐
마치 자신의 성에서 나오는 영주처럼
차분하고 쾌활하고 자신만만했다는데

나는 누구인가
사람들이 내게 말하길
내가 간수들에게 말을 건넬 땐
마치 내 명령을 따르는 내 사람들에게 하는 양
거리낌 없고 다정하고 명쾌했다는데

나는 누구인가
사람들이 또 내게 말하길
내가 승리에 익숙한 사람처럼
움츠러들지 않고 웃어 가며 또 당당하게
불운한 날들을 견디어 냈다는데

그렇다면 나는 정말로 남들이 말하는 바로 그런 사람일까
아니면 내 자신이 알고 있는 그런 사람일 뿐일까

새장에 갇힌 새처럼 불안해하고 애타하고 나약하기 그지없는,
누군가의 손에 숨이라도 조이는 양
화려한 빛깔과 꽃과 새소리에 갈급해하고
친절한 말, 상냥한 말 몇 마디에 목말라하고

거창한 사건을 기대하며 마음 오락가락하고
하염없이 멀리 떨어져 있는 친구들의 안부에
속절없이 마음 졸여하며
기도, 묵상, 실천 중에 조차 울적해지고 허탈해져서
기진맥진해 금방이라도 이 모든 걸 내던지고 싶은

나는 누구인가
이게 맞을까 저게 맞을까
오늘은 이런 사람이었다 내일은 또 저런 사람인가
아니면 둘 다일까
다른 사람들 앞에서는 위선자이고
혼자 있을 땐 한심스레 고통에 짓눌리는 약골인가

아니면 여전히 내 안에
이미 얻어낸 승리를 앞에 두고 오합지졸처럼 도망치는
패잔병 같은 무언가가 있는 걸까

나는 누구인가
스스로가 되묻는
이 외로운 질문이 나를 조롱한다

오 주여
당신은 아시나이다
내가 누구이든
나는 당신의 것이옵니다

위와 같은 비슷한 갈등을 느낀 때는 없는가? 인간에게는 누구에게나 죄악성이 있고 이로 말미암는 이중성이 있는 것은 당연하다. 이러한 이중성에 대하여 고민하는 것은 있는 그대로의 자기 자신을 보는 것으로서 오히려 성숙한 자세이다.

성경이 말하는 죄란 무엇인가?
How does the Bible describe sin?

죄를 규명할 때는 결국 기준이 무엇이냐가 중요하다. 일반 사회에서 규정하는 죄와 나 스스로 느끼는 양심상의 죄는 결코 같지 않다. 왜냐하면 서로 다른 기준을 가지고 있기 때문이다.

교회에서 또는 성경에서 말하는 죄란 그 기준이 인간을 향하는 하나님의 본래적인 뜻이다. 성경에서 말하는 죄란 본래 "과녁에서 벗어났다"는 것을 뜻하는데, 여기에서 과녁이란 곧 하나님의 기준인 것이다.

죄를 따지려면 절대적 기준이 필요하다. 상대적인 것으로는 죄를 정확하게 따질 수 없다. 아래 이야기를 살펴보자.

> 한 어린아이가 엄마에게 와서 이야기한다.
> "엄마, 나 키가 8피트 2.4미터 나 되요."
> 엄마는 "키도 안 재 보고 어떻게 아니?"라고 되물었다. 아이는 "아니에요, 재 보았어요!"라고 주장했다. 엄마는 또 묻는다.
> "무엇으로 쟀는데?"
> 아이는 자신에 넘쳐서 말한다.
> "내가 자를 만들었어요!"

📝 이야기 속의 아이가 자신의 키에 대해 가지고 있는 생각에서 잘못된 것은 무엇인가?

_____
_____

📝 절대적인 가치관이나 계명을 무시하는 현대인들이 죄에 대해 가지는 잘못된 생각은 무엇인가?

_____
_____

기준이 무엇이냐에 따라서 가치는 변하는 것이기에 변하지 않는 기준이 있어야만 한다. 그것은 곧 하나님의 기준, 하나님의 뜻이다. 성경에서 죄라고 할 때 그것은 "하나님의 뜻에서 벗어났음"을 의미한다. 다음 구절들을 통해 하나님의 뜻이 무엇인지 찾아보면서 과연 나도 죄인인가 생각해 보자.

- 야고보서 4:17

- 로마서 14:23

- 데살로니가전서 5:18

- 마태복음 22:37-40

죄의 결과는 무엇인가?

What is the result of sin?

- 로마서 5:12

■ 로마서 6:23

말씀 암송

죄의 삯은 사망이요 하나님의 은사는 그리스도 예수 우리 주 안에 있는 영생이니라 (로마서 6:23).

Key Point

1. 성경이 말하는 죄란 절대자 하나님의 기준에서 벗어났다는 의미이다.

2. 모든 사람은 죄인의 상태에 머물러 있으며 죄의 결과는 죽음이다.

성경에서 말하는 죄란 본래 "과녁에서 벗어났다"는 것을 뜻하는데, 여기서 과녁이란 곧 하나님의 기준이다. 즉 죄란 "하나님의 뜻에서 벗어났음"을 의미한다.

새 생명의 삶
New life

3. 하나님은 누구신가?

: Who is God?

하나님에 대하여 공부할 때 분명하게 가져야 하는 전제가 있다. 하나님은 우리 인간과는 비교가 안 되는 높은 차원의 초월적 존재이기에 인간의 지혜나 지식으로는 다 파악할 수 없는 분이라는 사실을 먼저 인정해야 한다는 것이다.

하나님을 아는 것은 우주와 인생의 근본을 아는 것일 뿐 아니라 곧 나를 아는 것이기도 하다. 하지만 하나님을 알려 할 때에는 분명한 전제가 있다.

하나님을 알려 할 때의 전제
Prerequisite for understanding God

하나님에 대하여 공부할 때 분명하게 가져야 하는 전제가 있다.

하나님은 우리 인간과는 비교가 안 되는 높은 차원의 초월적 존재이기에 인간의 지혜나 지식으로는 다 파악할 수 없는 분이라는 사실을 먼저 인정해야 한다는 것이다. 만약 우리들이 인간의 한계로 하나님을 판단하고 결정한다면 그것은 잘못될 수밖에 없다.

그러므로 인간이 하나님을 알 수 있는 것은 다음 두 가지 방법을 통해서이다. 첫째, 하나님이 만드신 것을 보면서 하나님이 어떤 분이라는 것을 깨닫는 것이다. 예를 들어, 시계를 보면 이 시계를 만든 인간은 지혜와 능력이 있는 존재라는 것을 알 수 있는 것처럼, 또한 집을 보면 이 집을 지은 사람이 어떤 성향의 사람이라는 것을 알 수 있는 것처럼 말이다. 이러한 것을 '일차계시' 또는 '자연계시'라고 부른다. 과거로부터 자연을 보면서 인간의 능력을 초월하는 신적인 요소들을 발견한 것이 바로 여기에 해당한다.

둘째, '특별계시'를 통해 하나님을 알 수 있다. 즉 하나님께서 그분 자신을 소개하고 보여 주시는 것만큼만 인간은 하나님을 알 수 있다. 하나님께서는 스스로는 하나님을 바르게 알 수 없는 인간에게 자신을 두 가지 면으로 계시하여 주셨다. 첫째는 성경을 통하여, 둘째는 예수 그리스도의 성육신하심을 통해서였다.

> 자연물을 보면서 거기 절하고 그것을 신처럼 섬기던 예들을 보거나 경험한 적이 있다면 그 일을 나누어 보자. 그리고 그러한 종교 행위가 가능한 이유, 또한 그 한계에 대해서도 함께 이

야기해 보자.

📝 하나님을 바르게 알기 위하여 성경을 보아야 하는 이유는 무엇인가?

하나님은 누구신가?
Who is God?

이 과를 통하여 하나님의 모든 것에 대하여 설명하거나 공부할 수는 없다. 다만 몇 가지 중요한 요소들을 살펴보고자 한다.

1. 창조주

창세기 1장 1절을 읽어 보라. 이 짧은 한 구절이 이 세상의 역사를 바꾸어 놓았다고 해도 과언이 아니다.

📝 "하나님이 세상을 창조하셨다"는 사실을 읽을 때 어떠한 생각이 드는가? 그것을 나누어 보자.

_____

_____

2. 전능하시며 영원하신 절대자

모세가 하나님에 대하여 물을 때, 하나님께서는 "나는 스스로 있는 자" I am that I am 라고 말씀하셨다. 출애굽기 3:14 이는 하나님이 다른 존재에 힘입어 존재하는 분이 아닌 스스로 존재하는 절대자라는 뜻이요, 또한 진실로 언제나 계시는 분이라는 뜻이다.

- 이사야 44:6

- 요한계시록 22:13

- 시편 90:2

- 창세기 21:33

3. 인격적인 분

하나님은 많은 사람들이 생각하는 것처럼 추상적이고 막연한 신이나 비인격적인 존재가 아니다. 다음의 성경 구절은 하나님의 어떠한 인격성을 말하고 있는지 살펴보자.

- 레위기 19:2

- 요한일서 4:7-8

- 시편 100:5

■ 이사야 62:5, 에스겔 18:23

영원하신 하나님, 인격적인 하나님께서 우리 인간과 우주를 창조하셨음을 성경은 분명하게 가르쳐 주고 있다. 하나님은 모든 우주와 생명의 근본이요, 시작이시다. 하지만 이 사실을 인정하지 않는 많은 사상들은 각기 자기의 이론대로 인생을 바라보고 판단한다. 가장 대표적인 사상이 진화론이라고 할 수 있다.

진화론과 그 가설
Theory of evolution and its hypothesis

현대 사회가 무조건적으로 믿고 받아들이고 있는 것처럼 보이는 진화론의 가설은 다음과 같다.

> 멀고 먼 옛날 산소, 질소, 수소와 같은 원소들이 대기 중에 존재했다. 오랜 세월이 지나면서 우연히 번개와 같은 큰 자극이 생길 때 이 원소들이 수분과 적당히 결합하면서 유기물과 같은 형태가 되었다. 이것이 오랜 세월이 지나면서 우연히 아메바와 같은 생명체가 되었고, 또 오랜 세월이 지나면서 우연히 올챙이와 같

> 은 것으로 자라가다가 다시 오랜 세월 후 우연히 악어와 같이 물과 뭍에서 사는 동물로 발전되었다. 오랜 세월이 지나면서 우연히 네 발 달린 짐승이 되었고, 오랜 세월이 지나면서 우연히 두 발로 서게 되었다. 오랜 세월이 지나면서 우연히 원숭이와 같은 존재가 되었다가, 오랜 세월이 지나면서 우연히 인간이 되었다.

위에서 살펴본 대로 진화론이란 '오랜 세월'과 '어쩌다 보니까'라는 가설 위에 세워진 것이다. 따라서 진화론은 다음과 같은 질문에 대해 전혀 과학적인 답을 주지 못한다.

- 어떻게 무에서 유가 생겼는가?
- 어떻게 무기물에서 생명체의 기본이 되는 유기물이 생겼는가?
- 어떻게 유기물에서 생명이 생겼으며 번식했는가?
- 어떻게 생명에서 영원을 사모하는 인간(인격성, 종교성)이 생겼는가?

이러한 질문에 대한 진화론의 답 역시 '오랜 세월'과 '어쩌다 보니까'일 뿐이다. 진화론의 결정적인 문제점을 지적한 다음의 몇 가지 주장을 깊이 생각해 보자.

1. 프랜시스 쉐퍼 Francis Schaffer 는 가장 과학적이라는 진화론의 공식을 다음과 같이 이야기했다.

   무 nothing + 비인격 the impersonal + 오랜 시간 time + 우연 chance
   = 모든 것 everything there is

2. 모든 자연법칙에 적용되는 과학적 원리에 위배된다.

   - 과학에서 에너지는 다른 형태로 변환될지언정 그 에너지는 늘 동일하다고 한다. 하지만 진화론은 아무것도 없는 상태에서 무궁무진하게 물질도 에너지도 늘어나고 있음을 뜻하기에 비과학적이다. 에너지 보존법칙
   - 과학적 원리에 따르면 이 우주 안에서의 모든 것들은 무질서하고 단순한 쪽으로, 또는 부패하는 방향으로 진행되어 간다. 예를 들면 자연 그대로에서는 쌓아 놓은 벽돌들이 무너지는 쪽으로 진행되지 거꾸로 진행되지는 않는다. 또한 냄새는 퍼져 가지 모여들지는 않는다. 열역학 제2법칙 하지만 진화론은 우주의 모든 것이 무질서에서 점점 더 고차원적으로 발전하고 정돈되고 복잡한 쪽으로 진행되고 있다고 믿는다.

3. 진화 과정의 고리들이 하나도 존재하지 않는다. 아메바와 같은

형태에서 오늘날의 인간에 이르기까지 수없이 많은 종들이 오랜 세월 진화되어 왔다는 것이 사실이라면 종과 종 사이에 중간 형태의 생물들이 존재해야 한다. 하지만 이러한 형태의 종은 단 하나도 존재하지 않으며 화석도 발견되고 있지 않다. 이러한 점이 성경이 말하는 대로 하나님께서 종대로 창조하셨다는 사실을 더욱더 뒷받침해 주고 있는 바이다. 창세기 1:24-25

4. 비과학적인 가설에 따라 세워진 진화론의 가장 큰 문제는 이 세상과 인간의 모든 삶이 우연의 지배를 받는다는 것이다. 결국 인간도 어디서 와서 어디로 가는지 분명한 목적과 방향 없이 우연히 흘러가는 존재라는 것이다. 여기에 윤리적 절대성과 분명한 삶의 목적이 존재할 자리는 없는 것이다.

하나님의 인간 창조
God's creation of man

창세기 1장과 2장에서는 창조주 하나님께서 인간을 창조하셨음을 계시해 주고 있다. 이 사실은 인간의 존재와 목적에 대하여 대단히 중요한 요소들을 가르쳐 준다.

1. 하나님의 형상대로 지음 받은 인간

📝 창세기 1장 26-27절에서는 인간이 누구를 닮게 지음 받았다고 말씀하고 있는가?

_____
_____

📝 인간에게 있는 '하나님의 형상'이란 무엇을 말한다고 생각하는가? 내 속에 어떠한 요소들이 존재한다고 느끼는가?

_____
_____

2. 자유의지를 가진 존재

하나님의 형상을 닮았다는 것의 중요한 의미는 인간이 다른 피조물과 달리 자유의지를 가지고 지음 받았다는 것이다. 인간에게서 자유의지를 **뺀**다면 인간은 곧 돌이나 나무, 동물이나 식물처럼 숙명적인 존재가 되어 버린다. 흔히 하나님께서 왜 다 아시면서 선악과를 만들어서 결국 인간이 타락하게 하셨는가라고 질문한다. 자유의지

개념을 이해하지 못하기에 이러한 질문을 할 수밖에 없는 것이다.

📝 창세기 2장 16-17절에서 인간에게 주신 계명의 의미를 자유의지 개념으로 해석해 보자.

_____

_____

3. 영원과 절대적인 것을 추구하는 존재

📝 왜 인간에게는 누구든지 예외 없이 영원을 사모하는 마음이 존재하는가? 또한 그 부분이 채워지지 않는다면 왜 인간은 근본적인 불안감을 가지는가? 전도서 3:11

_____

_____

4. 하나님의 자녀

우리 인간은 결코 우연히 이 땅에 왔다가 사라져 버리는 존재가 아니다. 하나님을 통해 분명한 목적을 가지고 창조되었을 뿐 아니라 하나님의 가장 귀히 여기는 자녀로서 지음 받은 자들이다.

 성경은 우리들을 누구라고 부르고 있는가?

- 말라기 3:17

- 스바냐 3:14, 3:17

말씀 암송

태초에 하나님이 천지를 창조하시니라 (창세기 1:1).

Key Point

1. 하나님이 창조하신 세계를 통해서도 어느 정도 창조주 하나님을 알 수 있으나, 하나님이 계시하신 말씀과 예수 그리스도를 볼 때 좀 더 분명하게 알 수 있다.

2. 진화론은 모든 것이 우연히 존재하기에 세상에는 분명한 목적도 절대적인 가치관도 없다고 믿는다.

3. 하나님께서 지으신 인간은 곧 하나님의 형상을 닮아 자유의지를 가지고 있으며 영원을 추구하고 하나님의 자녀로서 존재한다.

새 생명의 삶
New life

4. 예수님은 누구신가?

: Who is Jesus?

예수님은 인간의 몸을 입고 이 땅에 내려와 십자가에서
인류를 구원하고 부활한 하나님이시다.

예수님은 히브리서의 기록처럼 믿음의 주님이시며 우리를 온전케 하시는 주님이시다. 히브리서 12:2 예수님은 한두 가지로 설명될 수 없는 모든 것의 본체가 되는 분이시다. 이번 과에서는 예수님에 대한 몇 가지 중요한 것들을 살펴보고자 한다.

예수님은 하나님이시다
Jesus is God

1. 삼위일체 하나님

하나님, 예수님, 그리고 성령님은 본질적으로 한 분이시면서 동시에 세 분으로 역사하신다는 역설적 교리를 말한다. 하지만 삼위일체는 성경에 기록되어 있는 표현이 아니라 성경에 표현된 하나님을 설명하기 위하여 교리적으로 사용하는 말이다. 그러므로 삼위일체를 하나의 교리 용어로서 믿는다기보다는 삼위일체로서 역사하시는 하나님을 믿는 것이 더 중요하다. 사실 삼위일체를 설명하려는 이러한 예시들이 있어 왔다.

- 계란은 하나지만 흰자와 노른자와 껍데기로 구성되어 있다.
- 물은 액체로도 기체로도 고체로도 존재한다.
- 전기는 하나지만 그 안에 열도 있고 힘도 있고 빛도 있다.
- 한 남자는 아빠도 되고 아들도 되고 남편도 된다.

하지만 이러한 예시들이 하나님의 존재 형태를 완벽하게 소개해 줄 수는 없음을 인정해야 한다. 왜냐하면 근본적으로 하나님의 존재 자체는 그 형태나 수준에서 우리들의 세계로는 파악될 수는 없는 높은 차원의 것이기 때문이다.

다음 말씀들은 하나님과 예수님 그리고 성령님을 같은 하나님으로 표현하고 있다.

- 마태복음 28:19

- 요한복음 1:1, 14

- 요한복음 10:30

- 요한복음 14:9

- 사도행전 5:3-4

- 고린도전서 3:16-17

예수님이 곧 삼위일체 하나님이심을 믿는 것은 인간의 이성보다 그분 자신을 증거하시는 하나님의 계시를 더 확실한 것으로 믿고 따르는 신앙 행위이다. 하나님의 계시는 예수님이 곧 하나님이시라는 것을 증거하고 있다.

2. 창조 사역에 함께하신 주님

- 창세기 1:26

- 요한복음 1:3

- 골로새서 1:16

3. 세상을 다스리시는 왕이시며 심판주

- 에베소서 1:20-22

■ 빌립보서 2:9-11

예수님은 구원자이시다
Jesus is the Savior

1. 주는 그리스도시다

그리스도란 기름 부음 받은 자라는 말로 구원자 메시아 라는 의미이다.

📝 "너희는 나를 누구라고 하느냐?"는 주님의 물음에 베드로는 어떻게 대답했나? 마태복음 16:16

📝 예수라는 이름의 뜻은 무엇인가? 마태복음 1:21

2. 구약에서부터 예언된 메시아

구약성경에는 예수 그리스도에 관한 예언이 300가지가 넘는다. 그리고 이 모든 예언들은 성취되었다. 성경은 20명 이상의 저자들이 1,000년 이상의 기간 동안 기록했다는 사실을 생각할 때 놀라운 일이 아닐 수 없다. 한 사람이 구약의 예언들 중에서 여덟 가지를 성취할 확률은 10분의 1의 17승이다. 우연히 마흔여덟 가지의 예언들을 성취할 확률은 100분의 1의 157승이라고 한다. 그러나 예수님은 300가지 모두를 성취하셨다. The Incomparable Jesus, The Walking with God series에서 인용

다음의 몇 가지 예언들을 찾아보며 그 의미를 생각해 보자.

1) 동정녀 탄생

- 마태복음 1:18-25

- 이사야 7:14

2) 베들레헴에서 탄생

- 마태복음 2:1-6

- 미가 5:2

3) 세례 요한의 역할

- 마태복음 3:1-3

- 이사야 40:3

4) 십자가: 고난당하는 메시아

- 이사야 53장

■ 마태복음 27:12-14

5) 옷을 제비 뽑힘

■ 시편 22:14-18

■ 마태복음 27:33-44

3. 십자가에서 죽으심

주님께서 십자가에 달려 죽으심은 우리 인간을 구원하시려는 대속적 죽음이었다. 우리가 받아야 할 형벌을 대신 받으셨기에 우리에게는 구원을 얻을 수 있는 길이 열린 것이다. 다음 말씀은 이를 어떻게 고백하고 있는지 살펴보자.

■ 이사야 53:5-6

■ 로마서 5:8

예수님은 성육신하신 하나님이시다
Jesus is God incarnate

1. 인간이 되신 하나님

📝 빌립보서 2장 5-8절에서는 주님을 어떻게 표현하고 있는가?

_____

_____

📝 하나님께서 우리들과 같은 육체를 입고 오셨다는 성육신 Incarnation 이 가지는 중요한 의미는 무엇인가?

_____

_____

- 한계 속에 있는 인간과 세상에게 하나님을 분명하게 드러내시고 알게 하신다. 히브리서 1:1-2, 요한복음 12:45

- 예수님은 우리들을 진정으로 이해하신다. 히브리서 4:15, 5:7 실제로는 예수님께서 우리들을 이해하시기 위해서가 아니라 예수님께서 우리들을 이해하신다는 사실을 우리로 믿게 하기 위해서인 것이다.
- 육신을 입고 살아가는 인간의 삶을 긍정해 주셨다.
- 십자가에서 죽으심은 분명 우리들이 받아야 할 형벌을 대신 받으신 것이다. 갈라디아서 1:4
- 예수님은 진정한 인성을 입으시고 보여 주심으로 모든 인간의 모범이 되셨다.

2. 임마누엘

📝 임마누엘의 뜻은 무엇인가? 마태복음 1:23

_____

_____

📝 마태복음의 제일 마지막 절인 28장 20절에는 어떠한 약속이 주어져 있는가?

_____

_____

예수님은 부활하신 주님이시다
Resurrection of the lord Jesus christ

📝 성경 말씀은 예수님의 부활에 대해 무엇을 증거하고 있는지 살펴보자.

- 마태복음 28:6

- 마가복음 16:6

> 어느 이슬람교도가 그들 종교의 창시자인 마호메트의 무덤이 있는 메카를 자랑하였다. 그 무덤을 자랑스럽게 생각하던 그는 기독교인에게 "너희들에게는 이러한 무덤이 있느냐?"라고 도전하였다. 그러자 기독교인은 "우리들은 빈 무덤을 자랑한다. 우리 주님은 부활하셔서 오늘도 살아계시다"라고 대답했다.

주님의 부활하심이 뜻하는 바는 다음과 같은 것들이다.

1) 하나님의 권능

- 에베소서 1:19-20

2) 죽음의 세력을 정복하심

- 고린도전서 15:55-57

3) 우리들을 의롭다 하심

- 로마서 4:25

4) 새 생명으로의 연합

- 에베소서 2:5

- 고린도후서 4:14

- 로마서 6:3-9

5) 부활의 첫 열매

- 고린도전서 15:20

6) 궁극적인 승리자의 삶을 위하여

- 고린도전서 15:57-58

예수님의 주된 사역
The ministry of Jesus Christ

마태복음 9장 35절을 참고해 볼 때 예수님께서 행하신 중요한 사역은 다음 세 가지로 나타난다. 그 의미를 생각해 보자. 이러한 사역들은 교회를 통하여, 믿음 생활을 통하여 오늘날에도 계속되는 주님의 역사이다. 나의 삶 속에 이러한 역사가 어떻게 체험되고 있는지 서로 이야기해 보자.

1) 십자가 사역

_____
_____

2) 말씀 사역

_____
_____

3) 치유 사역

_____
_____

예수님에 대한 오늘 공부 내용을 생각하면서 다음 글을 읽어 보자.

> 어느 자그마한 마을에서 시골 여인의 아들로 태어난 사람이 있다. 그는 또 다른 동네에서 성장했으며 30세가 되기까지 목수의 일을 하였다. 그리고 3년 동안 순회설교자가 되었다.
> 그는 집 한 채도 소유한 적이 없으며, 책 한 권도 쓰지 않았다. 그는 공적인 직책을 가진 것이 없었으며 가정도 이루지 않았다.

그는 대도시에 가 본 적도 없으며 일생 동안 그가 태어난 곳에서부터 200마일 약 300킬로미터 밖을 나가 보지도 않았다. 그는 자기 자신 외에는 특별한 보장이 없었다.

아직 젊었을 때에 그를 향한 호감은 반감으로 바뀌었고 그의 친구들은 달아나 버렸다. 한 친구는 그를 배신했으며 적에게 넘겼다. 그는 재판에서 조롱당했으며 두 강도 사이에서 십자가에 못박혔다. 그가 십자가에 달려 죽는 동안 사형 집행관들은 그의 유일한 소유인 겉옷을 제비뽑기해서 가졌다. 그는 죽고 나서 그를 불쌍히 여긴 친구의 빌린 무덤에 장사되었다.

그러나 20세기라는 긴 시간이 지나갔지만 그는 인간 역사의 중심에 있으며 모든 발전 단계의 지도자로 남아 있다.

이 땅의 역사 가운데 진군했던 모든 군대들과 건조된 모든 군함들과 구성되었던 모든 의회들과 통치했던 모든 왕들의 업적을 다 모은다 할지라도, 이 한 외로운 사람의 영향력을 따를 수가 없다.

말씀 암송

시몬 베드로가 대답하여 가로되 주는 그리스도시요 살아 계신 하나님의 아들이시니이다 (마태복음 16:16).

Key Point

1. 예수 그리스도는 하나님이시다.

2. 예수 그리스도는 인간을 구원하시기 위하여 인간의 몸을 입고 오셨고 인간 구원의 역사를 이루셨다.

3. 이 땅에서 예수 그리스도의 주된 사역은 십자가 사역, 말씀 사역, 그리고 치유 사역으로 이는 오늘날 교회의 사역이기도 하다.

새 생명의 삶
New life

5. 구원이란? (1)

: What is salvation?(Part 1)

> 성경은 오직 예수 그리스도를 믿는 믿음 안에서만 참된 구원이 이루어짐을 분명하게 보여 주며, 예수께서는 바로 우리들을 구원하기 위하여 이 땅에 오셨고 십자가에 대신 죽으셨음을 선언하고 있다. 이것이 복음의 내용이다.

구원이라는 말은 다양한 경우에 사용된다. 큰 어려움 가운데서 건짐을 받는 것, 질병에서 회복되는 것을 비롯하여, 궁극적으로 인간이 가지고 있는 죄와 죽음의 정죄로부터 건짐을 받는 것 모두를 포함하는 단어가 구원이다. 물론 하나님을 믿는 신앙 안에서 이러한 모든 정죄와 한계로부터 자유함을 얻는 것이 사실이다. 다만 1과에서 공부한 대로 "우리들이 교회에 다니는 가장 궁극적인 이유는 죄와 죽음으로부터 구원을 얻기 위함"이라는 사실에 좀 더 초점을 맞추어 구원에 대해 공부하고자 한다.

구원이란 무엇을 의미하는지 또는 무엇과 관계되는지 다음 성경 구절을 통해 찾아보자.

- 마태복음 1:21

- 에베소서 2:8-9

- 사도행전 2:47

- 누가복음 19:10

- 누가복음 1:77

- 에베소서 2:5

구원을 위한 인간들의 추구
Man's pursuit for salvation

사람들은 자신이 가지고 있는 한계 상태에서의 구원을 위해 나름대로 여러 가지 노력을 한다. 크게 보아 다음 두 가지가 구원을 위해 나름대로 인간들이 추구하는 방법이다.

1. 우상숭배

하나님이 아닌 다른 신들을 믿고 따르는 일들이 많은 사람들이 추구하는 구원의 길이다. 이것은 초월적인 존재를 인정하고 그 도움을 구하는 방법이지만 잘못된 신을 의지하는 길이다.

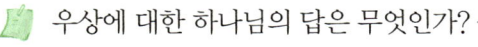 우상에 대한 하나님의 답은 무엇인가? 시편 115:4

_____

_____

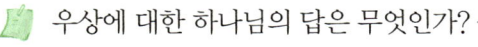 인간들이 애쓰는 노력 가운데는 하나님이 아닌 다른 신들에게 의지하고 요청하는 경우들도 많이 있다. 이러한 우상에 대한 하나님의 선포는 무엇인가?

■ 하박국 2:18-20

2. 선행

보편적으로 많은 사람들은 막연하게 좋은 일을 하면 구원에 이를 것이라는 바람을 가지고 살아간다. 이 길은 스스로 좋은 일을 하는 노력으로 구원에 이르려는 방법이다.

기독교는 물론 가장 윤리적인 종교이다. 하지만 윤리로 구원을 얻는다고 말하지는 않는다. 즉 기독교는 예수 그리스도를 믿음으로 성화되고 더욱 윤리적인 사람으로 변화되어 감을 믿는다. 하지만 윤리적인 일을 잘 하면 구원에 이른다고 믿지는 않는다. 이에 대한 성경의 가르침이 무엇인지 찾아보고 그 뜻을 함께 나누어 보자.

■ 로마서 3:20

■ 디모데후서 1:9

■ 갈라디아서 2:21

유명한 부흥사 무디 D.L. Moody 는 이런 이야기를 했다.

> 예수님이 십자가에 달리실 때 우편 강도는 그 양손이 십자가에 못 박혔다. 그러므로 주님을 위하여 아무런 일도 할 수 없었다. 그의 발도 십자가에 못 박혔다. 그러므로 주님을 위하여 아무런 일도 할 수 없었다. 구원을 위하여 아무런 일도 할 수 없었지만 주님께서는 그에게 구원의 축복을 허락하셨다. 천국으로 가는 여권을 허락하시고 그를 낙원으로 인도하셨다.

성경이 말씀하시는 구원의 길
The biblical way to salvation

다음 성경 구절들을 통해 구원의 길에 대하여 알아보자. 믿음과 회개라는 것은 구원을 위하여 우리 인간 편에서 필요한 것들이다. 구원을 가능케 하는 것들이 무엇인지 아는 것은 매우 중요한 일이다.

1. 믿음

- 베드로전서 1:8-9

- 사도행전 16:30-31

- 로마서 10:9-10

- 갈라디아서 2:16

2. 회개

- 누가복음 13:5

- 마태복음 4:17

- 사도행전 2:38

- 사도행전 3:19

예수님과 십자가 사역, 그리고 구원

Jesus, the ministry of the cross, and salvation

민음과 회개가 구원을 위해 인간 편에서 필요한 것이라면 예수 그리스도의 사역과 말씀은 구원 자체를 가능케 하는 근본적인 것이다. 즉 하나님께서 인간을 구원하기 위하여 행하시고 예비해 주신 일이다. 다음 성경 구절들을 찾아보고 그 의미를 되새겨 보자.

- 사도행전 4:12

- 고린도전서 1:18

- 갈라디아서 3:13

- 빌립보서 3:20

- 요한복음 14:6

다음은 말씀과 구원 the gospel and salvation 의 관계에 대한 구절들이다.

- 디모데후서 3:15

- 로마서 1:16

- 에베소서 1:13

- 베드로전서 1:23-25

율법종교인 이슬람을 믿던 사람이 기독교의 복음을 듣고 예수를 믿기로 작정하였다. 어떻게 그런 결단을 할 수 있었느냐고 묻자 그는 이렇게 반문했다.
"여행길에 앞으로 어떤 길로 가야 할지 분명히 아는 사람과 어떻게 될지 잘 모르는 사람, 이 두 사람 중 한 사람과 동행해야 한다면 당신은 누구와 동행하겠습니까?"

> "내가 곧 길이요 진리요 생명이니 나로 말미암지 않고는 아버지께로 올 자가 없느니라" 요한복음 14:6고 말씀하시는 주님을 모시고 살아간다는 것이 나에게 무엇을 의미한다고 생각하는가?

_____

_____

성경은 오직 예수 그리스도를 믿는 믿음 안에서만 참된 구원이 이루어짐을 분명하게 보여 주며, 예수께서는 바로 우리들을 구원하기 위하여 이 땅에 오셨고 십자가에 대신 죽으셨음을 선언하고 있다. 이것이 복음의 내용이다.

다음 이야기를 읽고 우리들을 구원하기 위하여, 아니 나 자신을 구원하기 위하여 주님께서 행하신 일, 또한 하나님께서 선택하신 일이 무엇을 의미하는 일이었는지를 깊이 느껴 보자.

존 그리피스 John Griffith라는 사람은 경제대공황 시절에 미시시피 강에서 철교를 지키는 사람이었다. 시간에 맞추어 다리를 들어 올렸다 내리는 책임을 지고 있었다. 한번은 여덟 살짜리 아들 그레그 Greg가 아빠의 일하는 모습을 보고 싶어 해서 아들을 데리고 일터에 나갔다. 아들은 눈을 크게 뜨고 아빠의 일하는 모습과 강, 그리고 다리의 모든 모습들을 보면서 아빠를 자랑스럽게 생각했다. 존은 12시가 되어서 싸 온 도시락을 아들과 함께 먹었다.

그리고 잠깐 쉬는데 멀리서 기차 경적이 울렸다. 시간을 보니 1시 7분, 400명 이상을 태우고 달려오는 멤피스 급행 열차였다. 아들에게 여기 가만히 있으라고 말한 뒤 다리를 내리기 위하여 조종실로 올라갔다. 큰 다리를 내리는데 혹시라도 밑에 배들은 지나가지 않는지 살펴보는 동안 그리피스는 갑자기 심장이 멈추는 듯했다.

아들이 자기를 따라 오려다가 다리를 올리고 내리는 큰 기어에 걸린 것이었다. 당연히 조종실에서 내려가 아들을 구해야 하지만 그렇게 하기에는 시간이 너무 촉박했다. 수백 명의 목숨이 걸려 있는 상황이었다. 아들을 살릴 것인가? 아니면 수백 명의 생명을 살릴 것인가? 그가 해야 할 행동이 무엇인지 그는 잘 알았다. 하지만 아빠로서 어떻게 그 일을 할 수가 있겠는가? 짧은 순간에 그는 수없는 생각과 갈등을 했다. 또다시 기차 경적이 들려왔다. 그는 결국 자신의 팔에 얼굴을 묻은 채 아들의 이름을 절규하듯이 부르고는 큰 기어를 움직여 다리를 내렸다. 아들을 희생해서 여러 사람의 생명을 살리는 길을 선택한 것이다.

말씀 암송

가로되 주 예수를 믿으라 그리하면 너와 네 집이 구원을 얻으리라 하고 (사도행전 16:31).

예수께서 가라사대 내가 곧 길이요 진리요 생명이니 나로 말미암지 않고는 아버지께로 올 자가 없느니라 (요한복음 14:6).

Key Point

1. 사람들은 자신의 구원을 위하여 우상숭배와 선행 등 많은 노력을 하지만 성경은 그러한 길에 구원이 없음을 선포하고 있다.

2. 우리들을 구원하기 위하여 오신 주님을 믿는 믿음 안에 참된 구원이 있다.

믿음과 회개가 구원을 위해 인간 편에서 필요한 것이라면 예수 그리스도의 사역과 말씀은 구원 자체를 가능케 하는 근본적인 것이다. 즉 하나님께서 인간을 구원하기 위하여 행하시고 예비해 주신 일이다.

새 생명의 삶

New life

6. 구원이란?(2) – 새로운 피조물

: What is salvation?(Part 2) – The new creation

영생은 죽은 다음에 시작되는 것이 아니라 예수 그리스도를 주로 고백하고 거듭났을 때부터 시작되는 것이다. 영생은 주님과의 관계가 바르게 맺어질 때 이미 우리 삶 속에 시작되는 것이고, 주님의 자녀로 살아가는 질적인 변화를 의미한다.

예수 그리스도를 믿음으로 구원을 얻게 될 때에 우선 밖으로 나타나는 변화란 지금까지 다니지 않던 교회를 다니게 되었다는 점일 것이다. 하지만 구원 받았다는 것은 교회의 한 일원이 되는 차원을 넘어서서 우리들의 모든 삶에 큰 영향을 끼치는 엄청난 변화이다. 이 변화는 우리들이 느끼는 외적인 것만을 의미하는 것도 아니며 또한 이 땅의 삶에서만 일어나는 것도 아니다. 죽음과 그 죽음을 넘어서서 나타나는 큰 변화인 것이다.

누가복음 16장 19-31절을 읽어 보자. 이 말씀은 예수님이 해 주신 이야기로서 죽음 이후의 세계를 비추어 볼 수 있는 작은 거울과 같다고 할 수 있다.

📝 내가 만약 그 부자라면, 이 땅에서의 생명을 다하고 죽은 후에 받은 충격이 어떤 것이었을까? 그것을 나누어 보자.

_____

_____

새로운 피조물
The new creation

고린도후서 5장 17절은 이렇게 선언하고 있다.

"그런즉 누구든지 그리스도 안에 있으면 새로운 피조물이라 이전 것은 지나갔으니 보라 새것이 되었도다."

실제로 예수를 구세주로 믿을 때 많은 변화가 일어난다. 이 변화는 우리들이 꾸미거나 돈으로 살 수 있는 변화가 아니다. 오직 하나님께서 일으키시는 은혜의 변화요 영적인 변화이다. 그러므로 성경은 "누구든지 그리스도 안에 있으면 새로운 피조물이라!"고 선언하는 것이다.

하나님께서 내 삶에 허락해 주신 변화와 약속들! 얼마나 놀라운 일인가? 성경에는 구원을 표현하는 또 다른 말들이 많이 있는데 이는 주님을 믿을 때 주어지는 변화를 나타내기도 한다. 그 내용들을 찾아보면서 내게 주어지는 변화들을 생각해 보자.

1. 율법에 대하여

율법은 곧 하나님의 기준을 가르쳐 준다. 그러므로 예수 그리스도를 온전히 믿기 전에는 율법을 통해 우리들이 죄인임을 깨닫게 된다. 뿐만 아니라 우리들이 율법의 정죄 아래 서 있음을 보게 된다. 그러므로 율법과의 관계란 곧 죄와의 관계를 뜻하기도 한다. 예수를 믿을 때 이 모든 율법의 정죄에서 해방되고 참된 구원의 길에 들어서게 된다. 이러한 관계 변화를 나타내는 단어들은 다음과 같다.

1) 의롭다 하심

- 로마서 4:5

- 갈라디아서 2:16

특별히 주목할 표현은 '의롭다 하심'이다. 성경은 믿음으로 말미암아 우리들이 '의인이 되었다'고 말하지 않고 '의롭다 하심을 얻었다'는 표현을 사용한다. 이는 대단히 중요한 뜻을 포함하고 있다. 곧 신학적으로 이것은 칭의^{稱義}, 즉 '의롭다 칭함을 받았다' justified 고 말하는 것이다. 의인이라는 표현도 '의로운 사람'^{義人}이라는 뜻이 아니라 '의롭다 인정을 받은 사람'이라는 뜻이다. 즉 자기 선행이나 공로로 우리들이 의로워진 것이 아니라 주님께서 대신 우리들의 모든 죄악을 짊어지고 심판 받으심으로 하나님께서 우리들을 의롭다고 인정해 주신다는 것이다. 우리들은 주님의 은혜로 의로워짐을 받게 되었다. 그러므로 의롭게 되었다고 우리가 자랑할 것은 하나도 없으며 오히려 더욱 겸손하게 감사드려야 할 뿐이다.

2) 죄 사함

- 골로새서 1:14

- 마태복음 26:27-28

- 에베소서 1:7

3) 심판에 이르지 아니함

- 요한복음 3:18

- 요한복음 5:24 (히브리서 9장 27절 참조)

2. 영적 상태에 대하여

예수 그리스도를 믿을 때에 우리의 존재 자체에 큰 변화가 일어난다. 이 변화를 강하게 느끼는 사람도 있고 그렇지 못한 사람들도 있지만 분명한 것은 우리 속에 큰 변화가 시작되었다는 점이다. 이러한 요소들이 다음 말씀들에 나타난다.

1) 거듭남

- 요한복음 3:5-7

- 고린도후서 5:17

2) 성령의 임재

- 사도행전 2:38

- 요한복음 3:4-8

3) 성화의 시작

- 갈라디아서 5:16-24

믿음을 가질 때 우리에게 임재하시는 성령님의 역사로 말미암아 우리 속에서 이전에는 없던 갈등과 다툼이 생기는 것을 느끼게 된다. 이것은 거듭난 사람에게 나타나는 자연스럽고 건강한 표이다.

 이런 느낌을 경험한 적이 있는가?

_____

_____

📝 이러한 갈등은 어떤 점에서 더욱 유익한가?

_____
_____

3. 천국과 영원에 대하여

예수 그리스도를 믿음으로 말미암아 우리는 비록 이 땅에서 살아가지만 그 소속은 이미 하늘나라 백성으로 바뀌었다.

1) 천국

■ 빌립보서 3:20-21

■ 골로새서 1:13

■ 베드로전서 2:10

2) 영생

■ 요한복음 3:15, 3:36, 6:47

놀랍게도 성경은 우리들이 이미 이 땅에서부터 영생을 얻었음을 말씀하고 있다. 영생은 죽은 다음에 시작되는 것이 아니라 예수 그리스도를 주로 고백하고 거듭났을 때부터 시작되는 것이다. 영생의 약속은 죽음 이후에도 죽지 않고 영원히 살게 된다는 너무나 분명한 약속을 의미한다. 하지만 거기에만 머무르는 것이 아니다. 영생은 주님과의 관계가 바르게 맺어질 때 이미 우리 삶 속에 시작되는 것이고, 주님의 자녀로 살아가는 질적인 변화를 의미한다.

 내가 이미 영생을 얻었다는 사실을 생각할 때에 무엇을 느끼는가?

4. 주님과의 관계에 대하여

에베소서 2장 12-19절을 읽어 보면, 우리들은 이전에는 소망도 없고 하나님도 없던 자들이지만 그리스도의 피로 화목케 되었음을 말씀하고 있다. 우리들이 그리스도와 연합하였다는 사실은 참으로 놀라운 축복이다. 또한 이제는 외인이 아니라 주님의 자녀로서 살아가는 것이다.

1) 그리스도와의 연합

- 갈라디아서 2:20

- 로마서 6:3-5

2) 자녀 됨

- 요한복음 1:12

■ 로마서 8:15

■ 갈라디아서 4:4-7

구원이라는 단어 속에는 너무나 놀라운 하나님의 약속들이 담겨 있음을 살펴보았다. 이 성경의 약속들을 되새겨 보면서 '내가 예수를 믿었다'는 말 속에 어떠한 약속들이 담겨 있는지, 또한 내 삶에 어떠한 변화가 주어져 있는지 각자 자신의 말로 표현해 보자.

요한복음 3장 1절 이하에는 영생 문제로 밤에 예수님을 찾아온 니고데모의 이야기가 나온다. 주님께서는 물과 성령으로 거듭나지 아니하면 하나님 나라에 들어갈 수 없음을 말씀해 주셨다.
　우리들의 구원과 영생의 가능성은 이미 우리 주님께서 이루어 놓으셨다. 인간의 능력으로는 이 가능성을 만들 수가 없다. 하지만 아무리 모든 가능성을 열어 놓았다고 할지라도 그것을 믿고 받아들이

는 것은 각자의 몫이다. 이는 곧 하나님의 선물을 받아들이는 자세를 뜻한다.

다음 이야기를 읽고 나를 위하여 예비하신 구원과 영생에 대해 나는 어떠한 역할을 할 수 있는지, 또한 해야 하는지 이야기해 보자.

> 이탈리아의 아름다운 도시 베니스가 내려다보이는 산동네에 '지혜자'라는 노인이 살았다. 그에게는 어떤 질문을 해도 적절한 대답이 돌아왔다. 어느 날 동네의 짓궂은 두 젊은이가 이 할아버지를 곤란하게 만들려고 산동네를 찾아 올라갔다. 한 청년이 그 손 안에 작은 새를 잡은 채 물었다.
> "할아버지, 이 새가 죽었습니까? 살았습니까?"
> 할아버지가 대답했다.
> "젊은이, 내가 새가 살았다고 말하면 자네가 새를 꽉 쥐어서 죽일 것이고, 내가 새가 죽었다고 말하면 손을 열어 새를 날려 보낼 것이지. 이보게, 자네의 손 안에 삶과 죽음의 힘이 있지 않나?"
> 젊은이들은 인생의 중요한 교훈을 얻고 겸허한 마음으로 언덕을 내려왔다.

구원에 관해 우리들은 전혀 무능하다. 하지만 그 불가능한 것을 이미 하나님께서 예수 그리스도를 통하여 이루어 주셨다. 다만 우리들에게 요구하시는 것은 그 하나님의 사랑과 약속을 믿고 받아들이라는 것이다. 그것을 받아들이는 것이 믿음이요, 그 믿음을 우리들이 고백하는 것이 중요하다. 이 고백이 나에게 있었다면 이제는 하나님께서 허락해 주신 축복을 확신하며 새로운 피조물로서 살아가야 한다.

말씀 암송

그런즉 누구든지 그리스도 안에 있으면 새로운 피조물이라 이전 것은 지나갔으니 보라 새것이 되었도다(고린도후서 5:17).

Key Point

1. 구원이란 죽은 다음에 천국에 가게 된다는 것만을 뜻하는 것이 아니라 전적으로 새로운 피조물이 되는 것을 의미한다.

2. 그리스도 안에서 이미 죄 사함을 얻었으면, 거듭났으며 하늘의 시민권을 가지고 영생을 소유하여 주님의 자녀가 된 것이다. 이는 전적인 새로움이다.

새 생명의 삶
New life

7. 구원의 확신

: Assurance of salvation

우리들에게 주어진 영원한 구원은 전적으로 하나님의 선택에 따른 것이다. 하나님께서 허락해 주신 구원은 우리 공로가 아니라 그분의 사랑에 근거한 것이기 때문이다. 또한 구원이 하나님의 선택이기에 우리의 부족과 허물에도 불구하고 빼앗기지 아니하는 것이다.

이미 성경공부를 통해 구원은 우리들의 공로나 선행이 아니라 하나님의 은혜로 주어지며 우리들 편에서는 믿음으로 그것을 받아들이는 것임을 공부하였다. 이러한 구원에 대하여 확신을 가지는 것은 믿음 생활에서 매우 중요하다.

구원의 영원성
Eternalness of salvation

우리들에게 주어진 구원은 영원성과 확실성과 완전성을 가지고 있다. 결코 환경에 따라 변하거나 조건에 따라 바뀌는 것이 아니다. 심지어 우리 믿음의 기복에 따라 바뀌는 것도 아니다. 이는 구원이 하나님의 선택이요, 하나님의 강권적인 은총의 역사로 말미암기 때문이다.

1. 하나님의 선택

우리들에게 주어진 영원한 구원은 전적으로 하나님의 선택에 따른 것이다. 하나님께서 허락해 주신 구원은 우리의 공로가 아니라 그분의 사랑에 근거한 것이기 때문이다. 또한 구원이 하나님의 선택이기에 우리의 부족과 허물에도 불구하고 **빼앗기지** 아니하는 것이다.

하나님의 선택에 대해 성경은 무엇을 증거하는가? 다음 말씀을 읽고 깨달은 바를 서로 이야기해 보자.

■ 에베소서 1:3-6

- 요한복음 15:16

인생에서 중요한 것들은 주어진 것들이다. 인생을 자기 스스로 만들어 가는 것 같지만 잘 생각해 보면, 부모나 형제, 가족 관계, 인종, 민족, 혈액형, 기본 성격, 외모 등 인간에게 가장 중요하고 가장 기본적인 것들은 대부분 내가 선택한 것이 아니라 주어진 것들이다.

이러한 점에서 인간에게 가장 중요한 구원에 관하여 하나님께서 나를 선택해 주셨다는 사실은 어렵지 않게 이해할 수 있다.

칼빈의 5대 강령
T.U.L.I.P.

기독교의 교리를 잘 정립한 존 칼빈 John Calvin 의 사상 중 '5대 강령'이라는 것이 있다. 이것은 기독교의 중요한 교리를 요약한 것으로 그 첫 글자를 따서 이를 T.U.L.I.P이라고 부르기도 하는데, 그 내용은 다음과 같다.

- 인간의 전적 타락 Total depravity — 인간은 완전히 타락하여 스스로는 구원받을 수가 없다.

- 무조건적 선택 Unconditional election – 하나님의 선택은 무조건적이며 그 선택은 절대적으로 하나님의 주권에 달려 있다.
- 제한 구속 Limited atonement – 예수님의 십자가 공로로 모든 사람이 다 구원받는 것은 아니다.
- 불가항력적 은혜 Irresistible grace – 우리들에게 주어지는 은혜는 하나님의 강권적인 역사로 이루어진다.
- 성도의 견인 Perseverance of the saints – 성도의 견인堅忍이란 한 번 하나님으로부터 선택받고 구원받은 사람은 잃어버리지 않고 궁극적으로 반드시 구원받는다는 성경의 사상을 말한다. 하나님께서는 부르신 자를 영원히 구원하신다. 즉 하나님께서 붙드시는 자들은 결코 잃어버리지 않고 궁극적으로 구원하신다는 것이다.

다음 성경 구절을 찾아보면서 성도의 견인, 즉 구원의 영원성과 확실성에 대하여 성경은 무엇을 말씀하고 있는지 살펴보자. 각 구절들은 참으로 중요한 약속들을 담고 있다. 이 약속의 말씀을 통하여 성도의 견인과 완전한 구원에 대해 내게 주시는 약속들이 무엇인지 생각해 보자.

■ 요한복음 10:28-29

- 빌립보서 1:6

- 히브리서 7:24-25

- 요한복음 6:37

- 베드로전서 1:5

- 로마서 8:37-39

- 에베소서 4:30

- 로마서 11:29

이 말씀들을 통하여 내게 주신 구원의 확실성에 대하여 깨달은 것들을 나누어 보자.

_____

_____

구원 얻은 사람에게도 율법은 필요한가?
Is the law still needed for those who are saved?

하나님께서 우리에게 주시는 구원이 영원하다는 사실을 믿게 될 때, '그렇다면 이제 구원 받았으니 아무렇게나 살아도 된다는 뜻인가?', '내가 어떻게 살아도 구원을 잃지 않는다면 마음대로 살아도 되는 것이 아닌가?' 하는 생각이 자연스럽게 든다. 그러므로 구원의 확실성과 영원성은 다음 두 가지 질문을 하게 만든다. 첫째, 은혜로 구원 얻은 사람에게도 아직 율법이 필요한가? 둘째, 은혜로 구원 얻은 사람에게도 아직 회개가 필요한가?

이러한 질문에 대해 정확한 성경의 답을 아는 것은 바른 신앙생활을 위하여 중요하다.

1. 율법의 기능

율법 The law 에 대하여 성경은 무엇을 증언하고 있는지 찾아보자. 그리고 구원받은 자에게도 율법이 아직 필요한지 이야기해 보자.

- 로마서 7:7

- 갈라디아서 3:24

- 디모데전서 1:8

- 마태복음 5:17

율법은 분명 선한 것이며, 구원 얻은 자들에게나 구원 얻지 못한 자들에게나 동일하게 하나님의 기준을 보여 주기에 절대적으로 필요한 것이다. 뿐만 아니라 율법은 그리스도에게로 인도하는 몽학선생이다. 즉 율법을 바르게 대하면 대할수록 예수 그리스도의 은혜가 필요함을 깨닫고 그리스도에게로 나아오게 된다.

그리스도를 만나고 은혜를 체험한 자들에게도 율법은 아직 중요한 영적 생활의 도구이다. 율법은 하나님의 뜻을 보여 주기에 율법을 통하여 성화에 이르게 되기 때문이다. 이것이 구원받은 자들에게도 구약이 필요하고 십계명이 필요한 이유이다.

2. 율법주의

율법과 율법주의 Legalism 는 완전히 다르다. 율법은 하나님의 법을 말하고 율법주의는 그 법을 잘못 이해하고 잘못 사용하는 자세를 말하기 때문이다. 율법주의란 율법의 규정을 다 이루어야 구원을 얻는다고 믿거나, 율법의 정신은 버리면서도 율법의 조항들에 집착하여 율법을 지키는 자신은 의롭다는 자기 공로를 쌓거나, 하나님의 법으로 다른 사람을 정죄하는 자세를 말한다. 신약시대의 바리새인들이 대표적인 예이다.

이미 구원 얻은 사람에게도 회개는 필요한가?
Is repentance still needed for those who are already saved?

답은 "그렇다!"이다. 우리들이 구원 얻었기 때문에 이제는 더 이상 회개할 필요가 없다고 생각하는 것은 바른 신앙의 자세가 아니다. 요한일서 1장 8-10절을 찾아보라.

"만일 우리가 죄 없다하면 스스로 속이고 또 진리가 우리 속에 있지 아니할 것이요 만일 우리가 죄를 자백하면 저는 미쁘시고 의로우신 우리 죄를 사하시며 모든 불의에서 우리를 깨끗케 하실 것이요 만일 우리가 범죄하지 아니하였다 하면 하나님을 거짓말하는 자로 만드는 것이니 또한 그의 말씀이 우리속에 있지 아니하니라."

굳이 구분하자면, 회개에는 최소한 두 가지가 있다. 첫째는 '구원을 위한 회개'이다. 이 회개는 하나님을 믿지 않고 살다가 하나님을 인정하고 하나님께로 돌아오는 단계에서 하는 근본적인 회개이다. 둘째는 '성화에 이르는 회개'이다. 이미 구원 얻은 다음에도 하나님 앞에 잘못한 것을 깨닫고 돌이키는 회개를 뜻한다. 신앙생활의 의식으로 설명하면, 첫 번째 회개는 '세례' 받을 때 해야 하는 회개이고, 두 번째 회개는 '성찬' 받을 때 하는 회개이다. 성화에 이르는 회개가 중요한 것은 이것이 바로 주님과의 교제를 회복시켜 주기 때문이다. 죄악의 특성은 관계를 멀게 하고 관계를 끊는다.

우리가 죄 문제를 회개하고 해결하지 않을 때 하나님과의 교제가 멀어지고 끊어지게 된다. 그러므로 회개를 통해 주님과의 교제를 회복하는 것은 매우 중요한 영적 생활의 요소이다.

📝 죄악의 문제를 그대로 놓아둘 때 우리에게는 어떤 문제들이 생기는가?

- 에베소서 4:30

- 데살로니가전서 5:19

- 이사야 59:1-3

📝 나 자신이 저지른 죄악들과 내게 주어지는 구원과는 어떤 관계가 있다고 말할 수 있는가?

_____

_____

하나님께서 우리에게 주시는 구원은 완전한 것이요, 그 어떤 이유에서도 빼앗기지 않는 것이다. 심지어 우리의 죄악까지도 하나님께서 주시는 구원을 상실케 할 수는 없다. 우리들이 죄악을 저지를 때

마다 회개를 통하여 주님과의 관계를 회복하고 구원의 감격을 회복하는 것이지 근본적으로 구원이 상실되는 것은 아니다. 이 얼마나 놀라운 선물인가! 로마서 8장 38-39절은 다음과 같이 말하고 있다.

"내가 확신하노니 사망이나 생명이나 천사들이나 권세자들이나 현재 일이나 장래 일이나 능력이나 높음이나 깊음이나 다른 아무 피조물이라도 우리를 우리 주 그리스도 예수 안에 있는 하나님의 사랑에서 끊을 수 없으리라."

> **말씀 암송**
>
> 내가 확신하노니 사망이나 생명이나 천사들이나 권세자들이나 현재 일이나 장래 일이나 능력이나 높음이나 깊음이나 다른 아무 피조물이라도 우리를 우리 주 그리스도 예수 안에 있는 하나님의 사랑에서 끊을 수 없으리라 (로마서 8:38-39).

> **Key Point**
>
> 1. 우리들에게 주어지는 구원은 하나님의 선택에 근거하기에 영원성과 확실성과 완전성을 가지고 있다.
>
> 2. 내가 죄를 지으면 구원이 상실되는 것이 아니라 하나님과의 교제가 상실되는 것이므로 회개를 통해 구원받은 자의 삶을 회복해야 한다.

하나님께서 우리에게 주시는 구원은 완전한 것이요, 그 어떤 이유에서도 빼앗기지 않는 것이다. 심지어 우리의 죄악까지도 하나님께서 주시는 구원을 상실케 할 수는 없다. 이 얼마나 놀라운 선물인가!

새 생명의 삶
New life

8. 세례의 의미

： Meaning of baptism

세례는 우리들이 믿음으로 그리스도와 연합케 되는 과정 안에서 그리스도와 함께 죽고 함께 다시 살아나는 것을 확증해 준다. 본래 세례를 받을 때 물 속에 들어갔다가 나오는 과정이 곧 죽음과 부활을 상징하는 것이다.

    기독교에서 가장 중요하게 여기는 성례는 두 가지이다. 그것은 세례와 성찬이다. 세례는 기독교인으로서의 출발을 의미하는 예식이요, 성찬은 기독교인으로서의 성장을 의미하는 예식이다. 이 두 가지를 특별하게 구별하여 성례라고 부를 만큼 세례의 의미는 중요하다.

    8과의 목적은 세례의 바른 의미를 하나님의 말씀을 통하여 깨닫게 함으로써 바른 마음으로 세례를 준비케 하며 세례를 통해 우리들이 받는 은혜가 무엇인지 알게 하는 데 있다. 세례는 결코 그냥 때가 되면 받는 것이라든가 받아 보면 알게 된다고 말할 만큼 불분명하고 불확실한 종교 예식이 아니다. 주님의 분명한 약속 안에서 이루어지는 매우 중요한 신앙고백과 영적 체험의 사건인 것이다.

세례에는 다음과 같은 중요한 의미들이 담겨 있다. 성경 구절들을 찾아보면서 그 의미를 생각해 보자.

회개와 죄 씻음을 체험케 함
Experiencing forgiveness through repentance

세례를 위하여 사용되는 물은 곧 씻음을 상징한다. 물로 깨끗이 씻는 것처럼 세례를 통하여 우리들의 죄악이 깨끗하게 씻음 받는 것을 뜻한다.

- 마가복음 1:4-5

- 사도행전 22:16

- 고린도전서 6:11

구원과 거듭남을 이루게 함

Being born again and receiving salvation

세례는 곧 구원의 표시로 믿음으로 얻는 구원과 거듭남을 이루게 하는 중요한 단계이다.

- 요한복음 3:5

- 마가복음 16:15-16

- 사도행전 2:38

- 사도행전 16:30-34

- 베드로전서 3:21

예수 그리스도의 죽음과 부활에 참여케 함

Participating in the death and resurrection of Jesus Christ

세례는 우리들이 믿음으로 그리스도와 연합케 되는 과정 안에서 그리스도와 함께 죽고 함께 다시 살아나는 것을 확증해 준다. 본래 세례를 받을 때 물 속에 들어갔다가 나오는 과정이 곧 죽음과 부활을 상징하는 것이다.

- 로마서 6:3-11

- 에베소서 2:5-7

- 골로새서 2:12-15

- 골로새서 3:1-4

성령을 받음
Receiving of the holy spirit

믿음으로 세례를 받을 때 성령께서는 각자에게 임재하실 뿐 아니라 거듭난 심령 속에 임재하신다.

- 마가복음 1:9-11

- 사도행전 2:38-39

- 고린도전서 12:3

그리스도의 몸된 교회에 참여
Participating in the body of Christ - the Church

세례를 통하여 각 개인은 거듭남과 구원을 얻게 됨과 동시에 교회라는 지체의 일원이 된다. 신앙생활을 결코 홀로 할 수 없는 이유는 거듭난 모든 영혼들이 그리스도를 머리로 하는 지체로서 존재하기 때문이다. 영적인 면으로 볼 때 세례를 통하여 그리스도와 연합함과 동시에 교회라는 지체에, 공동체에 참여하는 것이다. 이러한 점에서 세례는 집례하는 목사와 세례 받는 자 사이에 이루어지는 예식이 아니라 온 교회와 함께하는 예식이다.

- 에베소서 4:4-6

- 에베소서 5:26-27

- 고린도전서 12:12-13

- 갈라디아서 3:27-29

하나님 백성으로서의 새로운 삶의 출발
Beginning of a new life as a people of God

세례는 임종과 같은 특별한 경우가 아니면 개인적으로 베풀지는 않는다. 왜냐하면 세례는 자신의 신앙고백을 하나님 앞과 다른 사람들 앞에서 하는 공적인 행위이기 때문이다. 예수께서 세례를 받고 구체적으로 공생애를 시작하신 것처럼, 세례는 이제부터 옛 생활을 벗어버리고 하나님을 믿는 자로 살겠다는 삶의 고백이며 선포인 것이다.

- 골로새서 3:1-10

- 갈라디아서 3:27

- 마태복음 10:32-33

- 로마서 10:9-10

주님께서 우리들에게 명령하신 지상명령을 함께 읽어 보자.
"예수께서 나아와 일러 가라사대 하늘과 땅의 모든 권세를 내게 주셨으니 그러므로 너희는 가서 모든 족속으로 제자를 삼아 아버지와 아들과 성령의 이름으로 세례를 주고 내가 너희에게 분부한 모든 것을 가르쳐 지키게 하라 볼지어다 내가 세상 끝날까지 너희와 항상 함께 있으리라 하시니라." 마태복음 28:18-20

 왜 우리들이 모든 족속으로 아버지와 아들과 성령의 이름으로 세례를 주어야 하는가?

_____

_____

말씀 암송

베드로가 가로되 너희가 회개하여 각각 예수 그리스도의 이름으로 세례를 받고 죄 사함을 얻으라 그리하면 성령을 선물로 받으리니 (사도행전 2:38).

Key Point

1. 성례라고 불리는 가장 중요한 예식은 세례와 성찬 두 가지이다.

2. 세례는 회개를 통한 죄 씻음, 구원과 거듭남, 예수 그리스도의 죽음과 부활에 참여, 성령을 받음, 그리스도의 몸인 교회에 참여, 그리고 하나님의 백성으로 새로운 삶을 출발하는 고백과 선포의 중요한 사건이며 영적 체험이다.

세례는 우리들이 믿음으로 그리스도와 연합케 되는 과정 안에서 그리스도와 함께 죽고 함께 다시 살아나는 것을 확증해 준다. 본래 세례를 받을 때 물 속에 들어갔다가 나오는 과정이 곧 죽음과 부활을 상징하는 것이다.

수 료 증

(본인 보관용)

성명　　　　　　　　　(남, 여)
전화
소속　(　)목양(　)구역
인도자

위 사람은 5단계 양육 과정 중 제 1단계

'새 생명의 삶' 이수에 필요한 소정의 과정을

마쳤으므로 이를 확인하여 드립니다.

　　　　　　　　　년　　　월　　　일

　　　　　　　　인도자　　　　　　인

수 료 증

(제출용)

성명　　　　　　　　　(남, 여)
전화
소속　(　)　목양 (　)　구역
인도자

위 사람은 5단계 양육 과정 중 제 1단계

'새 생명의 삶' 이수에 필요한 소정의 과정을

마쳤으므로 이를 확인하여 드립니다.

년　　월　　일

인도자　　　　　　인